교실 속 작은 사회
1 폭력
안 때렸는데 폭력이라고요?

1 폭력

교실 속
작은 사회

안 때렸는데 폭력이라고요?

임수경 글 | 이주미 그림

어크로스
주니어

추천사

★★★★★

　우리 아이들이 살아가는 학교와 교실에서 실제로 일어나는 생생한 사례들을 담은 이 책과 만나게 되어 참 반갑고 고맙습니다. 아이들도 때로는 혼자 끙끙 앓으며 어떻게 해야 할지 몰라 마음을 졸이고는 합니다. 이 책은 그런 순간마다 또래 친구들과의 이야기 속에서 실마리를 발견하고, 자신의 속마음을 들여다보며 해결의 실마리를 찾을 수 있도록 이끌어 주는 따뜻한 마중물이 되어 줍니다.

　자칫 무겁고 어렵게 느껴질 수 있는 주제들을 일방적인 설명이나 훈계가 아니라, 어린이들과 함께 고민하고 공감하며 스스로 판단하고 성장할 수 있도록 안내하는 방식이 무엇보다도 매력적입니다.

　〈교실 속 작은 사회〉 시리즈는 어린이들뿐 아니라 아이들의 마음을 더 깊이 이해하고 싶은 부모님과 선생님들께도 꼭 추천하고 싶습니다. 평화로운 교실과 세상을 꿈꾸는 모든 분들과 함께 읽고 싶은 책입니다.

― 전국초등사회교과모임

★★★★★

《안 때렸는데 폭력이라고요?》는 폭력이라는 쉽지 않은 주제를 아이의 시선으로 끝까지 밀고 나갈 줄 아는 작가의 날카롭고도 따뜻한 시선이 담긴 작품입니다. 이 책은 단순한 피해자—가해자 구도를 넘어 방관자와 조력자, 그리고 아무 말도 하지 못한 아이들의 마음까지 입체적인 서사에 담아냅니다. 교실이라는 작은 세계 안에서 얽히고 쌓이는 정서적 긴장을 세밀하게 포착하며 아이들의 또래 관계 감수성을 깨워 줍니다.

폭력 앞에서 상처받았거나, 상처를 주었거나, 아무 말도 하지 못했던 경험이 있다면 이 책을 읽어 보세요. 이 책은 친구에게 상처받고도 이유를 몰랐던 아이에게 '왜 그게 폭력이었는지' 알려 주고, 무심코 상처를 주었던 아이에게는 '그때 내가 무엇을 놓쳤는지' 돌아보게 하며, 알면서도 외면했던 아이에게는 '말하지 않은 것도 하나의 선택이었다'는 사실을 일깨워 줍니다. 친구 때문에 마음이 복잡한 아이에게, 이 책은 스스로를 지키고 타인을 이해할 수 있는 구체적인 힘이 되어 줄 것입니다.

- 이현아 (교사, 좋아서하는어린이책연구회 대표)

★ 등장인물 ★

반디

세심하고 친구들을 잘 배려한다. 다만 소심하고 다른 사람의 눈치를 지나치게 많이 본다. 반에서 기분 나쁜 일이 반복되어도 표현하지 못하는데, 그로 인해 손해 볼 때가 많다. 하고 싶은 말을 할 수 있는 용기를 키우고 싶어 한다.

지온

눈치가 제법 빨라서 다른 사람이 어떤 생각을 갖고 있는지 파악하는 재주가 있다. 문제는 그것을 이용해서 반 친구를 괴롭히기도 한다는 것이다. 누군가를 창피하게 만들면서 웃기고 그로 인해 친구들에게 인기를 얻는다.

우석

온실 속의 화초처럼 자랐다. 순수한 구석이 있고 단순한 편이나, 친구와 다툼이 일어났을 때 어쩔 줄 몰라 한다. 스스로 뭔가를 해내는 법을 배우고 싶어 한다.

준일

활발하고 승부욕이 강하다. 불편한 상황을 겪을 때 무작정 화를 내는 편이다. 학교의 규칙과 부모님의 말이 달라서 혼란을 겪고 있다. 내심 친구들과 잘 지내고 싶어 하지만 그것이 쉽지 않다.

재인

4학년 2반의 회장이며, 스스로 생각할 줄 알고 어른스럽다. 자신보다 철이 안 든 친구와도 잘 어울려 논다. 늘 바르게 행동해야 한다고 생각한다.

소민

무뚝뚝한 아빠 밑에서 자라 덩달아 매사 무관심하며, 남의 일에 좀처럼 간섭하지 않는 편이다. 친구를 귀찮게 하는 일은 없지만, 동시에 정이 없다는 소리도 종종 듣는다. 아빠에게 관심 받기를 바란다.

★ 차례 ★

추천사 ★ 4
등장인물 ★ 6

1장 폭력이란 무엇일까요?

교실 속 이야기

① 게임이 재미있었을 뿐인데 ★ 14
② 냄새가 나서 피했을 뿐인데 ★ 20

1 폭력의 뜻 ★ 29
2 폭력의 종류 ★ 33

선생님, 질문 있어요! ★ 38
간단한 활동 ★ 41

2장 폭력은 왜 일어나는 걸까요?

교실 속 이야기

③ 내 마음속에서 뭔가가 꿈틀거려요 ★ 44
④ 맞으면 너도 때려! ★ 50

1 폭력이 일어나는 개인적인 원인 ★ 57
2 폭력이 일어나는 환경적인 원인 ★ 60
3 그 밖의 원인 ★ 62

선생님, 질문 있어요! ★ 65
간단한 활동 ★ 68

3장 폭력에 대처하는 방법

교실 속 이야기

⑤ **폭력에 대처하는 우리의 자세** ★70
⑥ **미리 막을 수가 (왜) 없어** ★78

1 폭력을 잠재울 수 있을까요? ★90
2 화가 날 땐 어떻게 하지? 말미잘 권법 3단계 ★94
3 친구의 마음을 알아차리고 싶다면? 경찰청 권법 3단계 ★97
4 다툼이 일어난다면? 건강한 갈등 해결법 ★100
5 폭력을 목격한다면? 방관자가 되지 않을 의무 ★104

선생님, 질문 있어요! ★108
간단한 활동 ★110

부록

역사적 인물들은 폭력에 어떻게 대처했을까요?
- **마틴 루서 킹** ★112
- **말랄라 유사프자이** ★118
- **넬슨 만델라** ★123

작가의 말 ★128

1장

폭력이란 무엇일까요?

교실 속 이야기 ①

게임이 재미있었을 뿐인데

4학년 2반은 오늘도 평화롭다. 아니, 오늘도 평화로운 듯했다.

반디는 손톱을 물어뜯었다. 언제부턴가 반디의 눈 밑이 거뭇하게 변해 있었다.

"너 혹시 핸드폰 있어?"

"응? 응, 있는데……. 왜?"

"그럼 나 대신 게임 좀 해 줄 수 있어?"

처음에 지온이가 말을 걸었을 때, 반디는 심장이 튀어나

오는 줄 알았다.

'우리 반 인기 최고 지온이가 나한테 말을 걸다니! 게다가 무언가를 부탁하다니!'

지온이가 하는 게임은 하면 할수록 레벨이 올라가는 게임이었는데, 학원 가는 시간에는 핸드폰을 반납해야 해서 할 수가 없다고 했다. 반디는 고개를 세차게 끄덕였다.

"그래. 어떻게 하면 되는데?"

그때부터 시작이었다. 게임 지옥의 시작.

지온이에게는 사람을 잡아끄는 뭔가가 있었다. 모든 아이가 지온이와 친해지지 못해 안달을 냈다. 반디도 지온이와 친해지고 싶었지만, 소심한 성격 탓에 언감생심 꿈도 꾸지 못했다. 그런데 지온이가 자신에게 무려 부탁을 한 것이다. 반디는 이것을 '기회'처럼 느꼈다. 잘만 잡으면 지온이와 단짝 친구도 될 수 있을 거라고 생각했다.

"반디야, 너 어제 게임 안 했어? 레벨이 안 바뀌어서."

"아, 어제? 어제 엄마가 동생이랑 도서관 다녀오라고 해서……."

"너 학원 안 다닌다며. 그래서 부탁한 건데, 약속 안 지키네? 나 그러면 너랑 친구 못 해."

지온이의 목소리가 제법 컸다. 소민이가 지온이와 반디를 힐긋 쳐다보다 이내 고개를 돌렸다. 반디의 어깨가 쭈그러들었다.

"오늘은, 오늘은 할 수 있어."

"어제 못 한 것까지 해 줄 수 있어? 씨, 내가 1등 해야 하는데……. 네가 안 해서 지금 등수가 내려가게 생겼잖아."

지온이의 다그침 아닌 다그침에 반디는 자꾸 주눅이 들었다. 자신이 잘못한 것만 같았다. 다른 아이들도 자신에게 손가락질할 것 같았다.

"응. 오늘은 꼭 할게. 어제 것까지 두 배로."

반디는 그날 새벽 3시에 잤다. 그러자 지온이가 활짝 웃었다. 반디는 그 미소를 다시 보고 싶었다. 가능하면 매일.

그뿐이었다.

"반디야, 너 어제 잠 못 잤어? 아까 선생님께도 혼나고."

반디가 하루 종일 책상 위에 축 늘어져 있자, 재인이가 걱정스러운 목소리로 물었다. 재인이는 우리 반 회장이라, 우리 반 모든 아이의 일에 신경을 썼다.

"아? 아까 그거…… 신경 안 써도 돼. 졸려서 그랬어."

"너 이러는 거 처음 봐. 오늘은 일찍 자."

재인이가 반디의 어깨를 두어 번 두드렸다. 반디는 한숨을 폭 내쉬고 다시 엎드렸다. 머리가 멍하고 어지러웠다. 당장이라도 누워서 자고 싶었다.

"아니, 그래서 내가 어제 학원에서 걔한테 막 장난쳤잖아. 그랬더니……."

"지온이 네가? 대박. 그래서 어떻게 됐어?"

"어떻게 됐냐면……."

지온이는 저편에서 다른 친구들과 쉴 새 없이 웃고 떠들었다. 반디는 그런 지온이의 모습을 바라보았다. 눈이 자꾸 감겨서 지온이가 흐릿하게 보였다.

'지온이와 나는 친구일까? 친구인데 왜 내 걱정은 안 해 주지?'

점점 눈꺼풀이 무거워졌다. 이러면 안 되는데, 지금 자면 안 되는데…….

냄새가 나서 피했을 뿐인데

우석이는 혼자 씻지 못한다. 이유는 단순하다. 부모님의 도움을 받아 씻는 것에 익숙해져 있어서, 혼자 욕실에 남겨지면 뭐부터 해야 할지 몰라 어쩔 줄을 몰랐다. 우석이의 부모님도 처음에는 그런 우석이를 귀여워했다.

"아이고, 우리 우석이. 엄마 없이 못 씻겠어요?"

"우석이가 아빠 껌딱지네. 요 앙증맞은 것. 엄마랑 아빠 없으면 어떻게 살래?"

그러다가 점점, 주위의 걱정이 늘어 가기 시작했다.

아직도 안방에서 자야 하고, 하교할 때 반드시 부모님이 데리러 와야 하고, 부모님 없이는 교회 수련회조차 가지 않으려고 하는 우석이의 모습에 주위 어른들이 혀를 끌끌 찼다. 우석이 부모님은 점점 걱정되기 시작했다.

대체 몇 살이기에 그러느냐고? 우석이는, 4학년이다.

"차라리 잘됐어. 우석이도 우리 없이 있어 봐야 해."

"그래도…… 우리 없인 잠도 못 드는 아이가 한 달 가까이…… 괜찮을까?"

"어머님 계실 거잖아."

"우석이가 엄마랑 안 친해서 문제지. 무서워하잖아."

"그렇게 크는 거야."

우석이가 안방 문에 귀를 딱 붙였다. 그 안에서 소곤소곤, 심상치 않은 이야기가 오갔다. 우석이의 심장 박동이 점점 커지고 있었다.

벌컥!

"우석아, 그, 그게……."

"으앙."

우석이는 울어 버렸다. 왠지, 예감이 좋지 않았다.

그리고…… 왜 슬픈 예감은 틀린 적이 없을까?

다음 날, 눈을 뜬 우석이는 눈앞의 광경을 믿을 수가 없었다.

"뭘 그렇게 빤히 쳐다보고 있어? 빨리 안 먹어?"

우석이의 눈앞에 할머니가 앉아 있었다. 엄마, 아빠는 온데간데없이 말이다. 같은 회사에 다니는 엄마, 아빠는 3주 동안 캐나다로 출장을 가야 한다고 했다.

"3주 동안 내가 네 부모 대신이야. 싫어도 어쩔 수 없다."

할머니가 미간에 내 천 자를 그리며 중얼거렸다. 우석이는 입맛이 뚝 떨어졌다. 할머니는 아빠처럼 우석이 숟가락에 반찬을 얹어 주지도, 엄마처럼 다정한 말을 건네지도 않았다. 그저 잔소리를 반복적으로 내뱉을 뿐이었다.

"다녀올게요."

우석이는 숟가락을 힘없이 내려놓았다. 할머니가 눈을 매섭게 치켜떴다.

"너, 그냥 가려고? 오늘 씻지도 않았잖아!"

"다녀와서 씻을게요."

도저히 화장실로 걸어 들어갈 기분이 아니었다. 혼자 씻을 자신도 없었다.

그렇게 하루, 이틀…… 일주일이 지났다.

"대체 몇 살인데 아직도 혼자 못 씻는 거냐, 엉?"

할머니가 우석이에게 윽박지르는 횟수가 늘어나기 시작했다. 우석이는 다른 건 다 몰라도, 씻는 것만큼은 절대로 할머니 말대로 하기 싫었다.

"제가 알아서 할게요."

"우석아, 너한테서 냄새나."

"안 나요."

"그럼, 이 할머니랑 같이 씻자. 그럼 되는 거지?"

"싫어요!"

우석이는 할머니에게서 몸을 피해서 달려 나갔다. 어떻게든 할머니를 피하는 것이 상책이었다. 그런데…….

"어디서 이상한 냄새나지 않아?"

"우석이 쟤, 머리에 비듬도 있어."

아이들이 점점 우석이를 피하기 시작했다.

"내가 쟤 머리 위에 있는 비듬 없애 볼게."

가끔 우석이의 비듬을 턴다는 핑계로 머리를 치고 도망가는 아이도 있었다. 우석이는 그럴 때마다 아무 말도 하지 못했다. 그저 고개를 왼쪽, 오른쪽으로 내려 자신의 냄새를 맡아 볼 뿐이었다.

'별 냄새 안 나는데…….'

교실 뒤편 거울로 가 자신의 머리를 들여다보았다.

'비듬도 없는 것 같은데…….'

아이들은 이제 우석이 곁으로 오지 않았다. 말수가 적은 옆자리 소민이도 책상을 슬쩍 자신에게서 떨어뜨려 놓았다. 체육 시간에 플로어볼 주고받기 상대를 정할 때도 눈치가 보이기는 마찬가지였다. 출석 번호 순서대로라면 우석이의 짝은 지온이었는데, 짝이 정해지기도 전에 지온이는 코를 부여잡고 우석이에게서 떨어졌다.

"아, 선생님! 짝꿍 출석 번호대로 정해요? 안 돼요! 우석이 쟤랑 같은 팀 하기 너무 싫어요."

아이들은 그런 지온이의 말과 행동에 배를 잡고 웃었다.

"그만! 조용!"

선생님이 아이들을 애써 말리려고 했지만 한번 터진 웃음은 사그라들 줄 몰랐다. 우석이의 얼굴이 점점 빨개졌다.

"선생님, 저 화장실 좀 다녀올게요."

우석이는 어디든 혼자 가는 것을 싫어했다. 특히, 화장실은 더더욱 그랬다. 그런데 지금은 그 어느 때보다도 혼자 있고 싶었다.

"엄마, 아빠 보고 싶어요. 훌쩍."

우석이는 변기 위에 쪼그려 앉았다. 시큰한 눈물이 절로 나왔다. 우석이의 눈앞이 점점 흐릿해지고 이마가 뜨끈해졌다.

01
폭력의 뜻

반디와 우석이의 이야기 잘 들어 보았나요? 어떤 생각이 들었나요?

A

반디가 불쌍해요. 반면 지온이는 못된 아이인 것 같아요.

B

제가 반디라면 단박에 거절하고, 우석이라면 친구들에게 화를 냈을 텐데, 왜 그렇게 하지 못하는지 궁금해요.

C

지온이는 그냥 부탁한 거 아니에요? 그게 그렇게까지 잘못인가요? 그리고 우석이를 피한 애들도 뭐가 잘못된 건지 모르겠어요. 냄새나면 피할 수도 있죠.

여러 대답이 나왔네요. 그중 C의 대답에 주목해 볼까요? C는 반디와 우석이에게 일어나고 있는 일이 '폭력'이라는 것을 모르는 듯하니까요.

폭력이라니, 너무 과한 것 아니냐고요? 아니에요, 그렇지 않아요. 지온이는 반디에게, 반 아이들은 우석이에게 폭력을 저지르고 있는 것이 분명해요.

그럼, 폭력의 뜻에 대해 생각해 볼까요?

폭력은 좁은 의미와 넓은 의미로 나눌 수 있어요.

좁은 의미의 폭력은 신체적 힘을 사용해 남에게 직접 피해를 입히는 행동을 말해요. 예를 들면, 친구를 치고 때리는 것이나, 일정한 장소에서 쉽게 나오지 못하도록 하는 것, 강제로 어떤 장소로 데리고 가는 행동 같은 것을 말하죠.

넓은 의미의 폭력은 신체적인 피해뿐만 아니라, 정서적, 심리적, 경제적 피해까지 포함해요. 남에게 해를 끼치는 모든 행동을 말하는 것이지요. 실제로 세계 보건 기구(WHO)는 폭력을 '타인 또는 자신에게 신체적, 심리적, 성적, 경제적 피해를 의도적으로 가하는 행위'라고 말했어요.

　넓은 의미를 생각한다면, 지온이가 반디에게 한 행동 역시 명백히 폭력이라고 할 수 있습니다. 반디는 원하지 않는 행동을 강요당함으로써 피해를 입었으니까요. 반디는 게임을 하느라 밤에 제대로 자지도 못하고, 가족들과 소중한 시간을 보내지도 못하게 되었어요. 반디가 게임을 하지 않았을 때 지온이가 눈치 주는 장면, 기억하지요? 이렇게 폭행이나 협박으로 인해 해야 할 의무가 없는 일을 하게 하는 행위를 폭력 중에서도 '강요'라고 한답니다.
　우석이에게 반 아이들이 한 행동도 마찬가지예요. 머리를 치고 도망간다거나, 대놓고 짝꿍 하기 싫다고 면박을 주는 행동은 우석이 마음에 깊은 상처를 남기는 잘못된 행동이에요. 이렇게 학생 여럿이 상대방을 의도적이고 반복적으로 피하는 행위를 우리는 '따돌림'이라고 해요. 싫어하는 말로 놀린다거나, 골탕 먹이는 일도 따돌림에 해당하죠. 이것 또한 우석이의 마음과 몸에 피해를 끼치는 일이기 때문에 폭력이라고 볼 수 있습니다.

02
폭력의 종류

앞에서 우리는 폭력의 뜻에 대해 살펴보았어요. 반디와 우석이에게 생긴 일이 왜 '폭력'인지, 이제 알겠나요?

그렇다면 이제 폭력의 종류에 대해서 알아볼게요. 폭력은 크게 두 종류로 나눌 수 있어요. 피해자가 폭력을 직접 경험하는지, 아니면 간접적으로 피해를 입는지에 따라 나누어요.

가해자가 피해자에게 바로 행동을 하여 피해자가 다치거나 상처를 입는 것을 '직접적 폭력'이라고 해요. 가해자란 다른 사람에게 피해를 끼친 사람이라는 뜻이고, 피해자란 그 피해를 입은 사람을 말합니다.

직접적인 폭력은 눈에 보이기 때문에 알아차리기 쉬워요. 신체를 때린다거나 상대를 깔보는 말을 하는 것 등 상대에게 상처를 주는 행동이 대놓고 드러나거든요. 반디나 우석이가 겪은 일은 우리가 금방 '폭력'이라는 것을 알아차릴 수 있어요. 지온이가 반디에게 "너 학원 안 다닌다며. 그래서 부탁한 건데, 약속 안 지키네? 나 그러면 너랑 친구 못 해."라고 말했던 것, 기억하나요? 이것은 친구에게 겁을 주며 억지로 어떤 일을 하도록 하는 행동이에요. 또, 친구들이 우석이를 피하며 놀린다거나 머리를 때리고 도망간 행동도 눈에 보이는 직접적 폭력이에요.

　반면 '간접적 폭력'이라는 것도 있어요. 이것은 눈에 보이지 않아 알아차리기 힘들어요. 가해자가 피해자에게 직접 나쁜 행동을 하지 않아도 피해자가 피해를 입을 수 있는데, 그 대표적인 예가 사람들이 만든 규칙이나 사회의 분위기에 의해 피해를 입는 경우예요. 이런 경우는 눈에 보이지 않기 때문에 알아차리기 어렵고, 피해가 오랫동안 이어질 수 있어요.

노예제라고 들어 봤나요? 노예란 다른 사람에게 강제로 부림을 당하는 사람을 뜻해요.

미국에는 아주 오랫동안 노예가 존재했어요. 미국의 노예제는 1863년 에이브러햄 링컨 대통령의 '노예 해방 선언'과 1865년 연방 헌법 수정 조항 제13조가 추가되면서 공식적으로 폐지되었어요.

그전까지 노예들은 고된 노동을 강요받아야 했습니다. 노예들은 인간이라면 마땅히 누려야 할 인간다운 삶을 누리지 못했어요. 주인은 노예를 물건과 같이 취급했기 때문에, 사고팔기도 했죠.

우리나라에도 역사적으로 신분제가 존재했는데요, 가장 낮은 신분으로 '노비'라는 계층이 있었어요. 남자 노비는 노(奴), 여성 노비는 비(婢)라 하여 노비(奴婢)라고 불렸어요. 부모가 노비이면 자식도 덩달아 노비가 되어야 했고, 관직을 얻는다거나 출세를 하는 등의 사회 진출은 하지 못했지요. 우리나라의 신분제는 1894년 갑오개혁을 통해 공식적으로 사라지게 되었어요. 이렇게 노예나 노비처럼, 사회 구조에

　의해 기본권을 보장받지 못한 채로 인간다운 삶을 박탈당해야 했던 것 역시 폭력이라고 볼 수 있습니다.

　이 외에도 일제 강점기 때 일본이 우리나라에 했던 행동도 간접적 폭력의 예로 볼 수 있어요. 일본은 조선을 식민지로 삼고 지배하기 시작했는데요, 이것을 정당화하기 위해 이런 주장을 했어요.

'일본은 강하고 발전한 나라니, 조선을 지배할 권리가 있다.'

일본이 조선을 지배하고 멋대로 자원을 빼앗는 일을, 조선의 발전을 위한 일로 포장한 것이지요. 조선 사람들이 가지고 있던 자부심과 능력을 무시하고, 자신들의 잘못된 행위를 정당화하는 생각이었어요. 일본은 이런 잘못된 생각을 정책과 학교 교육을 통해 퍼뜨렸어요. 실제로 많은 사람이 이런 주장을 믿게 되었고, 조선은 더욱 큰 피해를 입게 되었지요. 이렇게 주입한 사상에 따라 조선이 피해를 입은 것도 간접적 폭력으로 볼 수 있습니다.

선생님, 질문 있어요!

❶ 선생님, 저 '학교 폭력'이라는 말 들어 본 적 있어요. 반디와 우석이가 당한 것도 학교 폭력인지 궁금해요.

학교 폭력이란, 학교 내외에서 벌어지는 폭력을 말해요. 학생을 대상으로 신체적, 정신적, 재산상의 피해가 벌어졌다면, 그것은 모두 학교 폭력이라고 할 수 있는 것이지요.

학교 폭력의 유형	뜻
신체 폭력	신체를 때리는 등 고통을 가하는 행위
언어폭력	구체적인 말로 모욕을 주거나 겁을 주는 행위
금품 갈취	돌려줄 생각이 없으면서 돈을 빌리거나 빼앗는 행위
강요	상대방의 의사와 상관없이 행동을 강제로 요구하는 행위
따돌림	여러 명이 한 사람을 의도적이고 반복적으로 괴롭히는 행위
성폭력	성적 모욕감을 느끼게 하거나 성적으로 피해를 입히는 행위
사이버 폭력	인터넷, SNS을 통해 특정인을 괴롭히는 행위

반디와 우석이가 이 중 당한 것은 무엇일까요? 반디는 '언어폭력'과 '강요'를, 우석이는 '신체 폭력', '언어폭력', '따돌림'을 당했습니다. 이렇게 학교 폭력은 한 가지 유형만 나타나는 것이 아니라 여러 가지 유형이 복합적으로 나타나기도 해요.

❷ 제가 친구에게 "너같이 뚱뚱한 애들은 나중에 아프기 쉽대. 살 좀 빼야겠다."라고 말했더니, 친구가 상처받았다며 울었어요. 저는 친구를 위하는 마음에서 한 말이었는데, 좋은 의도로 한 말도 폭력이라고 할 수 있나요?

좋은 의도라도 폭력이 될 수 있어요. 폭력을 판단할 때의 기준은, 가해자의 의도가 아니라 피해자가 받아들이는 관점이기 때문이에요. '뚱뚱하다'와 같은 표현은 상대방에게 비난으로 받아들여질 수 있어요. 의도와 상관없이 상대에게 상처로 다가갔다면, 자신의 말이 친구에게 나쁜 말이 되었을 수도 있다는 것을 인정해야 해요. 친구에게 다가가서 진심을 담아 사과해 보는 것은 어떨까요? 앞으로 말하기 전에, 상대의 입장에서 '이 말이 친구에게 상처를 주지 않을까?', '친구를 불편하게 하는 말일까?' 먼저 생각해 보는 습관을 들이면 더 좋은 친구가 될 수 있을 거예요.

간단한 활동

다음은 폭력에 대한 O, X 퀴즈입니다. 퀴즈를 푼 뒤 느낀 점을 말해 봅시다.

1 폭력은 신체적으로 피해를 입히는 것만을 말한다. ☐

2 학교 폭력은 학교 안과 밖에서 학생을 대상으로 벌어지는 폭력을 말한다. ☐

3 세계 보건 기구(WHO)는 좁은 의미의 폭력만을 폭력이라고 규정했다. ☐

4 사람들이 만든 규칙이나 사회의 분위기에 의해 피해를 입는 것도 폭력이라고 할 수 있다. ☐

5 눈에 보이지 않는 폭력은 눈에 보이는 폭력에 비해 알아차리기 쉽다. ☐

6 학교 폭력은 다양한 유형이 복합적으로 나타나기도 한다. ☐

느낀 점:
_____
_____
_____

O / X / O / X / O / X : 답정

2장

폭력은 왜 일어나는 걸까요?

내 마음속에서 뭔가가 꿈틀거려요

"넌 항상 왜 그런 식으로 화를 표현해?"

재인이가 준일이를 불편한 눈빛으로 쳐다봤다. 준일이는 재인이의 말을 듣고 주먹을 꽉 쥔 채 부들거렸다. 다른 아이들은 준일이와 재인이의 눈치를 보았다. 준일이가 책상을 발로 차고 난 직후에 벌어진 일이었다.

준일이는 재인이와 어린 시절부터 친구였다. 한동네에서 자라 같은 유치원을 나왔고, 부모님들끼리도 잘 아는 사이였기 때문에 이따금 같이 어울려 놀았다. 그렇기 때문에 재인이는 준일이의 화내는 방식을 잘 알고 있었다. 탁자를 엎거나, 장난감을 발로 차거나, 손에 잡히는 책을 찢어 버리는 행동은 준일이의 단골 레퍼토리였다.

"내가 뭘! 얘네가 나를 무시하잖아!"

"그게 아니라, 네가 아직 교실에 오지 않아서 먼저 놀고 있었던 거잖아. 한 판 끝나고 같이 놀자는데 왜 화를 내고 그래?"

방금 상황도 마찬가지였다. 급식실에서 점심을 먹고 보드게임을 같이 하기로 했는데, 친구들이 자신을 기다려 주지 않았다는 이유로 책상을 뒤엎은 것이다.

"준일아, 미안해."

"됐어. 너희, 말이면 단 줄 알아? 너희가 이미 나를 따돌렸잖아!"

친구들이 아무리 설명을 하고 사과를 해도 준일이는 계속해서 화를 냈다.

"얘네가 언제 널 따돌렸어. 내가 보기엔 준일이 네가 억지를 부리고 있는데."

"뭐? 한재인, 너 지금 뭐라고 그랬어?"

"내 말이 틀렸어?"

준일이는 씩씩거리며 재인이를 노려보았다. 재인이는 그런 준일이를 향해 눈살을 찌푸렸다. 준일이는 주먹을 꽉 쥐고 재인이에게 성큼성큼 다가왔다.

"재인아, 그만해. 준일아, 우리가 잘못했어. 지금 같이 놀자. 응?"

아이들이 당황하며 다급하게 준일이를 달랬다. 이러다가 큰 싸움이 벌어질 것 같았다.

"아냐. 너희가 매번 이렇게 사과하니까 얘가 자꾸 이러잖아. 이거 다 네가 치워."

재인이는 전혀 겁먹지 않았다. 오히려 고개를 빳빳하게 들고 엉망이 된 주변을 손가락으로 가리켰다. 준일이는 그런 재인이의 태도에 한껏 씩씩대면서도 말을 잇지 못했다. 쥐고 있는 주먹만이 부들부들 떨리고 있을 뿐이었다.

아이들이 옆에서 웅성댔다. 소민이도 그 모습을 힐긋 바라봤다.

결국 엉망이 된 교실은 보드게임을 하던 친구들이 치웠다. 준일이가 모든 것을 내버려두고 운동장으로 나가 버렸기 때문이다.

"휴. 이건 또 우리가 치우네."

재인이는 한숨을 푹 내쉬었다. 재인이는 준일이가 좋은 구석도 있는 아이라는 걸 잘 알고 있었다. 준일이는 운동 신경이 좋고 승부욕이 강해서 운동을 잘했다. 매사에 적극적이라서 함께 놀면 시간 가는 줄 몰랐다. 그렇지만 종종 이렇게 잘못된 방식으로 자신의 감정을 표출하는 바람에 친구들과의 관계가 원활하게 이어지지 않았다. 재인이는 그 점이 안타까웠을 뿐이다.

"근데 재인이 너도 준일이한텐 좀 냉정한 것 같아."

"맞아. 우리한텐 그렇게 차갑게 말 안 하잖아. 준일이가 저래도, 우리를 막 때리진 않는다고."

"저렇게 하다가는 언젠가 진짜로 때릴 수 있어."

재인이의 다부진 말에 아이들이 고개를 끄덕였다. 사실 준일이의 행동을 보면 그런 걱정이 절로 드는 것이 사실이었다.

"그래도 너랑 준일이 얘기하는 거 보면 정말 싸움 날까 봐 걱정돼. 너라도 좀 부드럽게 얘기하면 안 돼?"

"그게……. 나도 친절하게 말하고 싶은데, 잘 안 돼."

재인이는 준일이가 화에 못 이겨 아무렇게나 벗어 두고 간 실내화를 물끄러미 바라보았다. 그러다 실내화를 집어 들고 왼쪽에서 셋째 줄, 맨 뒷자리인 준일이 책상 밑에 가지런히 내려놓았다. 언젠가는, 건강하고 차분한 대화를 할 수 있길 바라면서.

교실 속 이야기 ❹

맞으면 너도 때려!

'준일아, 화내는 건 나쁜 게 아니야. 상대방이 때리면, 맞지만 말고 너도 같이 때려!'

무작정 운동장으로 나와 버렸는데, 갈 곳이 없다. 준일이는 터덜터덜 걸으며 엄마, 아빠가 자신에게 했던 말을 떠올렸다. 분명 엄마, 아빠는 화내는 게 나쁜 것이 아니랬는데, 학교에선 죄인 취급을 한다. 재인이도 화를 내고 선생님도 혼을 낸다.

준일이는 운동장 스탠드에 가서 자리에 앉았다. 운동장이 한눈에 내려다보이는 자리였다. 저 멀리서 축구를 하고 노는 아이들이 보였다. 준일이는 문득, 이번 주 월요일에 방과 후 교실에서 있었던 일을 떠올렸다.

퍽—!

준일이가 우석이에게 달려들어 몸을 날렸다. 자신의 어깨에 세게 부딪쳤다는 것이 그 이유였다.

삐익—!

"이준일! 나와!"

방과 후 교실 선생님이 준일이에게 소리쳤다.

"아, 왜요! 쟤가 먼저 절 때렸다고요!"

"우석이는 고의가 아니었지만, 너는 일부러 그런 거잖아."

"선생님이 그걸 어떻게 알아요? 엄마, 아빠가 맞으면 때려도 된댔다고요!"

선생님은 바락바락 대드는 준일이의 태도에 할 말을 잃었다. 준일이의 볼에 눈물이 주르륵 흘렀다.

'엄마, 아빠가 그렇게 하랬는데, 왜 나한테만 뭐라고 그래?'

억울해서 도저히 참을 수가 없었다.

분명 아주 어렸을 적에는 이러지 않았던 것 같은데, 어느 순간부터 친구에게 맞고 오면 엄마, 아빠가 눈살을 찌푸렸다. 준일이는 엄마, 아빠가 자신을 자랑스럽게 여기길 바랐다.

"그래, 잘했어! 우리 아들, 장하다!"

친구와 맞서서 친구를 한 대라도 더 때리고 오면, 오히려 엄마, 아빠가 잘했다고 했다. 당하고만 살면 안 된다고 하면서. 준일이는 점점 참지 않게 되었다. 처음에는 화나는 척을 한 것이었는데, 어느 순간부터 진심으로 화를 참을 수 없게 되었다.

그러다 보니, 재인이가 나서서 준일이에게 싫은 소리를 하기 시작했다. 이제는 재인이와 언제 잘 지냈는지 기억도 나지 않을 정도다. 재인이가 자신에게 성가신 말투로 말할 때마다 준일이는 마음속으로 외쳤다.

'넌 왜 내 편을 들어 주지 않는 거야?'

그 말은 즉, '너와 다시 잘 지내고 싶어.'라는 뜻이었다. 그러나 재인이는 그런 준일이의 마음을 전혀 알아주지 않았다.

준일이는 재인이의 새침한 눈빛을 다시금 떠올렸다. 왜 그런 식으로 화를 표현하냐고 묻는 다부진 말투를 떠올리면 숨이 턱 막히는 듯했다.

'정말 재인이의 말이 맞는 걸까? 선생님이 나만 혼내는 게 당연한 걸까? 누가 나를 기분 나쁘게 하면 어떻게 하라는 말이지? 참으면 엄마, 아빠가 싫어할 텐데. 누구 말을 들으란 거지?'

준일이 머릿속에 물음표가 하나둘씩 늘어 갔다. 복잡한 머릿속을 탈탈 털어 내고 싶었다. 준일이가 머리카락을 쥐

어뜯으며 앞뒤로 한 번, 두 번, 세 번 크게 흔들었다. 지진이 일어난 것처럼 온 세상이 진동했다. 그때였다.

"뭐 해?"

누군가 준일이를 불렀다. 고개를 들자 재인이가 보였다.

"뭐야, 왜?"

재인이를 보자 내심 반가운 마음이 고개를 들었지만 내색할 수 없었다. 준일이는 마음과는 다르게 툴툴거렸다.

"교실로 돌아와. 나랑 놀자."

재인이가 준일이에게 손을 내밀었다. 준일이는 한결 부드러워진 재인이의 말투에 어렸을 적을 떠올렸다.

'너 혼자야? 나랑 놀래?'

유치원 시절, 소극적이었던 준일이에게 먼저 손을 내밀어 준 사람도 재인이었다. 준일이는 순간 울컥 눈물이 났다.

"뭐 하고 놀게?"

준일이는 손목으로 눈을 꾹 누르며 재인이에게 말했다. 여전히 말투는 퉁명스러웠지만 재인이는 느낄 수 있었다. 준일이의 마음이 녹고 있다는 것을 말이다. 준일이 역시 다

시 예전처럼, 자신과 같이 놀고 싶어 한다는 것을.

"그러게. 같이 골라 보자."

번갈아 블록을 빼며 건물을 무너뜨리는 게임을 할까, 카드를 내밀며 동시에 종을 치는 놀이를 할까, 함께 성을 쌓는 놀이를 할까, 재인이가 조잘조잘 옆에서 끊임없이 말을 걸어왔다.

"꼭 옛날로 돌아간 것 같다."

준일이는 화를 내지 않던 시절의 편안한 마음을 오랜만에 느꼈다. 어쩌면 그것만으로 이미 충분한 건지도 모른다.

01
폭력이 일어나는
개인적인 원인

    자기 안의 문제를 폭력으로 해결하는 준일이와 그런 준일이를 안타깝게 생각하는 재인이의 이야기가 나왔네요. 준일이는 폭력적인 자신의 모습이 잘못된 것을 알고 있는 것 같기도 합니다. 그런데도 어찌해야 할 바를 모르고 있지요. 준일이의 행동은 어디에서 비롯된 것일까요? 여러분의 생각은 어때요?

    폭력의 원인은 크게 두 갈래로 나눌 수 있어요. 개인적인 원인과 환경적인 원인으로요.

    먼저, 개인적인 원인부터 이야기해 볼까요?

어떤 사람이 폭력을 자주 쓰게 되는 이유를 그 사람의 성격이나 경험에서 찾아보는 거예요.

사람마다 타고난 성격이 다르고, 화를 참는 능력도 다를 수 있거든요. 화가 날 때 주변의 물건을 부수고 싶은 충동이나 남을 해치고 싶어 하는 마음이 남들보다 강하게 생기는 사람이 있을 수 있어요. 이런 성격을 타고난 사람은 그렇지 않은 사람보다 폭력을 사용하게 될 가능성이 더 높지요.

낮은 자아 존중감과 피해의식도 개인적인 원인 중 하나에요. 낮은 자아 존중감이란 자신을 소중하게 여기지 않는 마음이에요. 피해의식은 다른 사람 때문에 자신의 권리나 명예 따위가 손상되거나 신체나 재산 따위가 손해를 입었다고 여기는 인식이나 감정을 뜻하지요. 이처럼 남들이 나를 나쁘게 본다고 생각하는 마음도 폭력을 쉽게 사용하게 만들어요.

이 외에 어린 시절 폭력을 당한 경험 때문에 트라우마가 있는 사람은 그렇지 않은 사람에 비해 폭력을 행사할 가능성이 높아져요. 트라우마란 과거에 경험했던 위기나 공포와 비슷한 일이 발생했을 때, 당시의 감정을 다시 느끼면서 심리적 불안을 겪는 증상을 말해요. 폭력으로 인해 큰 마음의 상처를 겪은 사람들은 그렇지 않은 사람에 비해 폭력을 사용하게 될 가능성이 더 크다고 합니다.

02
폭력이 일어나는
환경적인 원인

　그런가 하면, 살고 있는 환경 때문에 폭력을 자주 쓰는 사람도 있습니다. 집안 분위기나 학교생활, 주변 사람들 때문에 폭력을 쓰게 되는 것이지요.

　예를 들어, 아마존 지역의 야노마모족은 물건을 차지하거나 높은 자리를 얻기 위해 폭력을 사용하는 것이 문화처럼 자리 잡았다고 해요. 이런 환경에서 자란다면, 일이 마음대로 풀리지 않을 때 폭력을 쓸 가능성이 높아지겠죠?

　이 밖에도 집에서 뜻대로 되는 일이 없으면 폭력으로 해결하라고 배웠거나, 폭력이 나오는 영화나 게임 같은 자극적인 대중 매체를 많이 접한 경우에도 폭력적인 행동을 따

라 할 위험이 높아질 수 있어요.

　이야기 안을 다시 들여다볼까요? 준일이가 어린 시절을 돌이켜 보는 장면을 살펴보세요. 부모님이 '상대방이 때리면, 맞지만 말고 너도 같이 때려!'라고 가르쳤다는 장면이 나오죠? 이럴 경우, 환경적인 원인 중 가정 환경에 주목해 볼 필요가 있습니다. 그릇된 가정 교육으로 인해 준일이 마음 안에 폭력이라는 씨앗이 무럭무럭 자란 것이지요.

03
그 밖의 원인

    체육 시간에 피구를 했는데, 열심히 했는데도 우리 팀이 졌어요. 상대편 친구들이 부럽고 질투가 나서 화를 참지 못하고 친구들에게 소리를 지르고 화풀이를 했죠. 공을 빼앗기 위해 무리하게 친구를 밀거나 심하게 부딪히는 행동도 했어요.

    이는 앞서 말한 개인적인 원인과 환경적인 원인, 둘 중 어느 경우에도 해당하지 않지만, 질투와 같은 폭발적인 감정을 겪거나 과열된 분위기 때문에 폭력을 사용하는 경우지요.

    폭력 문제는 단 하나의 원인 때문에 발생하는 건 아니에

요. 앞서 말한 여러 원인이 함께 작용할 때도 있죠. 그래서 폭력 문제가 발생했을 때 전문가들은 그 원인에 대해 다양하고 심층적으로 분석하려고 합니다. 앞서 이야기에서 살펴본 준일이도 잘못된 가정 교육 말고도 다양한 원인이 있을 수 있어요. 가령, 준일이에게 원래 분노와 공격성이 많았을 수도 있는 것이지요.

  이렇게 폭력을 유발하는 원인은 복합적이기 때문에 폭력이라는 불씨를 잠재우기 위해 여러 사람의 많은 노력과 시간이 필요한 것이랍니다.

선생님, 질문 있어요!

① 선생님, 제 친구는 다 좋은데 가끔 폭력적인 게 문제예요. 친구가 너무 화가 났을 때는 흥분을 가라앉히지 못해요. 친구랑 같이 놀고 싶은데, 가끔 무서워요. 친구가 폭력적으로 변하는 원인을 찾아 고쳐 주고 싶은데 어떻게 해야 할까요?

친구의 폭력성 때문에 고민이 많군요. 평소에는 잘 지내다가도, 화가 나면 친구를 때리거나 물건을 집어 던지는 모습을 보이나 보네요. '그 친구는 그것만 아니면 정말 좋은데.'라는 안타까운 마음을 가질 수 있겠어요.

하지만 어린이가 폭력의 원인을 찾고, 그것의 해결 방법까지 알아내기는 어려워요. 그럴 때는 선생님이나 부모님과 같은 어른에게 도움을 요청해야 해요. 어른들은 전문가를 잘 알고 있고, 도움을 요청하기 비교적 쉽기 때문이에요. 가장 가까운 담임 선생님께 먼저 말씀을 드려 보는 것이 어떨까요?

❷ 폭력의 원인이 복잡하고 알기 어렵다고 하셨잖아요. 굳이 힘들게 분석하는 이유가 무엇인가요?

전문가들이 머리를 맞대고 폭력의 원인에 대해 알아내려고 하는 이유가 있어요.
예를 들어, 미국에서 일어난 학교 총기 사건에 대해 이야기해 볼게요. 학교 총기 사건이란, 미국에서 10대인 가해자들이 총을 가지고 학생과 교직원들에게 피해를 입힌 일을 말해요. 총이라니, 정말 무섭죠? 폭력적인 행동이 큰 비극을 만든 거예요.

플로리다주의 한 고등학교에서는 17명의 학생과 선생님이 다치거나 목숨을 잃었고, 심지어 어린아이들이 다니는 초등학교에서도 이런 사고가 일어난 적이 있어요.

이런 참담한 일이 다시는 일어나지 않도록, 전문가들은 그 원인을 찾기 위해 열심히 연구했어요. 그 결과, 많은 가해자가 폭력적인 행동을 따라 하기 쉬운 환경에서 자랐고, 정신 건강 문제를 앓고 있었던 것으로 밝혀졌어요.

미국에서는 이런 일을 예방하기 위해 학생들을 위한 상담 서비스를 확대하고, 위험한 행동을 빨리 알아차릴 수 있는 조기 경고 시스템을 도입했어요. 이처럼 원인을 알아야 문제 해결 방법을 찾을 수 있기 때문에 전문가들이 폭력의 원인을 열심히 연구하는 것이랍니다.

간단한 활동

폭력의 원인과 관련하여 문장이 알맞게 완성되도록 줄을 이어 봅시다.

① 폭력이 일어나는 _____에는 크게 두 종류가 있습니다.   •   •   스트레스   ㉠

② 폭력으로 인한 _____를 겪으면 폭력적인 성향의 사람이 될 가능성이 높습니다.   •   •   대중 매체   ㉡

③ 과도한 경쟁 때문에 _____가 쌓일 경우, 폭력적으로 변할 수도 있습니다.   •   •   트라우마   ㉢

④ 자극적인 _____도 폭력의 원인이 될 수 있습니다.   •   •   원인   ㉣

정답 : ㉠-④/㉡-③/㉢-②/㉣-①

3장

폭력에 대처하는 방법

폭력에 대처하는 우리의 자세

 소민이는 누구에게도 관심이 없는 아이였다. 사실 신경 쓰는 게 귀찮았다. 친구가 어려움에 처하면 꼭 도와줘야 한다는 선생님의 말씀에도 결코 동의할 수 없었다. 각자 알아서 잘 살면 그만이라고 생각했다.
 그런데 어느 순간부터 슬슬 주변 상황이 거슬리기 시작했다.
 "반디 너, 왜 이렇게 정신을 못 차리고 졸아? 어젯밤에 잠 잘 못 잤어?"

반디가 잠을 못 잔 채로 학교에 와서 선생님께 지적받았을 때, 소민이는 모른 척했다.

"반디야, 너 어제 게임 안 했어? 레벨이 안 바뀌어서."

"아, 어제? 어제 엄마가 동생이랑 도서관 다녀오라고 해서……."

"너 학원 안 다닌다며. 그래서 부탁한 건데, 약속 안 지키네? 나 그러면 너랑 친구 못 해."

지온이와 반디 사이의 대화가 묘하다는 것도 알고 있었지만 간섭하지 않았다. 끼어들면 도움을 줘야 하니까.

"자, 그럼, 이제 우석이와 같은 편 할 친구들 손을 들어 볼까요?"

친구들이 아무도 우석이 곁에 다가가지 않는다는 것을 알고 있음에도 불구하고, 소민이는 아무 말도 하지 않았다.

"소민아, 왜 책상을 떨어뜨려 놓고 있어? 다시 붙여."

자신도 모르게 나온 한숨이 우석이에게 상처가 되리라는 것을 짐작했지만, 사과하지 않았다. 사과하면 자신과 친하게 지내려고 들 수도 있을 테니 말이다.

"짜증 나. 너희 앞으로 내가 올 때까지 보드게임 건드리지도 마!"

준일이가 얼토당토않은 이유로 아이들에게 위협을 가할 때도 소민이는 눈을 감았다. 어차피 소민이는 보드게임 따위는 하지 않으니, 준일이와 직접 부딪칠 일은 없었다.

그러자 소민이의 꿈에 자꾸 나오기 시작했다. 소민이가 모른 척 지나치고 눈을 감았던 그 장면이 반복해서, 계속 말이다.

"히익!"

또다. 소민이는 잊을 만하면 꾸는 꿈에 진절머리가 났다. 식은땀으로 범벅된 이마를 손끝으로 훔쳤다. 시계를 보니 새벽 4시였다. 3시간 정도는 더 잘 수 있는 시간인데도, 한번 달아난 잠은 다시 오질 않았다.

"소민이, 왜 이 새벽에 깼어?"

소민이가 부엌으로 가 물을 마시는 사이 아빠가 안방에서 나왔다. 소민이는 꿈에 대해 말해 볼까 하다, 이내 고개를 내저었다.

"그냥. 눈이 떠졌어."

"얼른 가서 눈이라도 감고 있어. 내일 학교 가야지."

소민이는 물을 마시며 끄덕였다. 아빠는 소민이의 어깨를 두드리려다가 손을 내렸다. 무엇인가 더 물어보려는 듯 입술을 달싹이다가 멈추기도 했다.

"잘 자."

소민이는 아무것도 하지 않고 방 안으로 들어가는 아빠의 뒷모습을 멍하니 바라보았다. 가끔은 아빠가 자신에게 지나친 간섭을 해 주길 바랐다. 아니, 자주 그랬다.

"잘 자, 아빠."

그거야말로 꿈같은 얘기였다.

"우리 반에서 학교 폭력이 일어나고 있는 것 같다고?"

선생님의 조곤조곤한 말소리에 소민이는 발걸음을 멈췄다. 수행 평가지를 걷어 교과실로 향하던 찰나였다.

"네, 우리 반이 위험해요."

우리 반 회장인 재인이의 목소리였다. 살짝 열린 문틈으

로 선생님과 재인이가 보였다.

"무슨 일 있었어?"

"그게…… 선생님, 아무것도 묻지 말고 우리 반 애들한테 경고만 해 주시면 안 돼요?"

"무슨 일인지 알아야 선생님이 조치를 취하지."

"그게, 저……."

재인이답지 않은 머뭇거림이었다. 소민이는 열린 교과실 문을 조용히 닫았다. 이런 일에는 끼어들지 않는 것이 상책이었다.

그날도 어김없이 똑같이 흘러갔다. 반디는 수업 시간에 꾸벅꾸벅 졸았고, 아이들은 우석이를 대놓고 멸시했다. 준일이는 여전히 자신의 화를 참지 못했다. 하나 추가된 모습이 있다면, 재인이었다. 재인이는 책상에 앉아서 자신의 머리를 내내 감싸 쥐고 있었다. 소민이는 이 모든 것을 외면하려고 했다.

'신경 쓰지 말자, 신경 쓰지 말자, 신경 쓰지 말자…….'

반복해서 속으로 중얼거리다 보니, 손에 쥔 연필이 또각,

부러졌다.

"못 참겠네, 정말."

소민이는 뚜벅뚜벅 걸어갔다. 선생님에게로.

교실 속 이야기 ❻

미리 막을 수가 (왜) 없어

[해인]

20XX년 X월 X일 X요일

다행이다. 너무 다행이다.
차마 선생님께 준일이 이야기를 하지 못하고 있었는데
(그놈의 옛정이 뭔지;), 소민이가 도와준 덕분에 모든 것이
밝혀졌다.
선생님은 모든 진도를 제쳐 두고, 내일부터 하루 2시간씩
학교 폭력 예방 수업을 할 거라고 말씀하셨다.
과연 어떤 수업을 할까? 그게 효과가 있을까?
뭐가 되었든 노력할 수 있어서 다행이다.

"모둠별로 상황을 주고, 역할극을 만드는 활동을 할 거예요. 가장 훌륭한 연극을 만드는 모둠에게는 원하는 수업을 할 기회를 줄 테니, 열심히 해 보도록 해요."

선생님의 특별 수업은 의외로 활동적이고 따분하지 않았다. 아이들은 각별한 보상에 탄성을 내질렀다.

"와! 나는 체육 하자고 해야지. 피구 할 거야!"

"나는 보드게임 하는 시간. 히히."

들떠서 너도나도 웅성거리는 가운데, 반디는 차마 웃지 못했다. 지온이와 한 팀이 된 반디는 오늘도 약간 피곤해서 관자놀이를 꾹 눌렀다. 그런 반디에게 선생님이 쪽지를 건넸다.

"너희 모둠은 이것을 주제로 역할극을 만들어 봐."

선생님이 내민 쪽지를 읽고, 반디의 눈이 동그랗게 커졌다.

친구가 원하지 않는 게임을 강제로 시켜요.
그것 때문에 너무 힘들어요.

"뭐데?"

지온이가 다가와 쪽지를 빼앗아 들었다. 쪽지 속 글자를 확인한 지온이의 표정이 더없이 일그러졌다.

"뭐야, 너 내가 게임시킨 거 선생님한테 일렀어?"

"아니, 절대 그런 거 아냐."

지온이가 선생님 쪽을 흘긋 바라보았다. 선생님이 지온이네 모둠을 지그시 바라보고 있었다. 지온이는 목소리를 낮췄다.

"그럼 이걸 선생님이 어떻게 아시는 거야?"

"나, 나도 몰라……."

반디의 어깨가 움츠러들었다. 이러한 갈등은 지온이네 모둠에만 있는 것이 아니었다.

> 친구들이 대놓고 나를 피해요.
> 같이 놀고 싶은데 섭섭해요.

> 친구가 나를 쳤어요. 실수로 친 거라고는 하는데,
> 기분이 나빠서 나도 같이 때렸어요.

> 화가 나서 친구 주변에 있는 책상을 발로 찼어요.
> 친구를 직접적으로 때린 건 아니니 괜찮겠죠?

> 아무래도 친구가 왕따당하는 것 같아요.
> 모르는 척하는 게 낫겠죠? 제 일이 아니니까요.

아이들은 저마다 쪽지를 읽고 사색이 되거나 당황스러워했다. 평화로웠던, 아니 평화로운 것처럼 보였던 4학년 2반에 균열이 일어나는 순간이었다.

"쪽지를 보니 어때요?"

교실 안은 삽시간에 조용해졌다. 마치 찬물을 끼얹은 듯했다. 선생님의 얼굴에 웃음기가 전혀 없었다.

"누군가는 이 쪽지가 불편하겠죠. 화가 날 수도 있겠고요. 하지만 언짢은 이 순간을 피하려고만 한다면, 상황은 전혀 나아지지 않을 거예요. 우리 수업은 여기서부터 출발할 겁니다."

선생님이 칠판에 크게 '학교 폭력 예방 수업'이라고 적었다. 4학년 2반에 커다란 물결이 일었다.

준일이 수업 일지

오늘 나는 화날 때 참는 법을 배웠다. 선생님이 잘 외우면 수업을 빨리 끝내 준다고 하셨으니까 복습해 본다.
먼저, 머리로 생각해야 한다.
'별것 아니야.', '즐거운 생각을 하자.' 같은 생각을 하면 도움이 된다고 했다. 그다음 마음 가라앉히기를 해야 한다.
눈을 감고 호흡한 다음에 하나, 둘, 셋을 외친다.
그리고 즐거운 생각을 (또) 한다.
마지막으로는 내가 좋아하는 취미 생활을 한다.
자전거를 타거나 운동을 하면 된다. 학교에서는 당장 자전거를 못 타니까 공을 차러 나가야겠다. 선생님이 나는 특별히 쉬는 시간에 운동장에 나가도 된다고 하셨다.
오늘의 수업 일지 끝.

엄마께

엄마, 저 지온이에요. 새삼 편지를 적어서 놀라셨죠?
~~사실 저도 엄마한테 편지를 적고 싶지는 않았어요.~~
선생님이 저에게 선택권을 주셨어요.
엄마한테 제가 사실대로 말하거나, 선생님이
전달하겠다고요. 엄마한테 직접 말할 자신은
없어서 이렇게 편지로 적습니다.
엄마, 제가 게임 좋아하는 것 아시지요?
밥 잘 먹고, 숙제 다 하고, 학원 잘 다녀오면
하루에 2시간씩 하게 해 주셨잖아요.
그런데 2시간은 레벨 업 하기 부족해요.
저한테는 레벨 업이 필요했단 말이에요.
그래서 우리 반 반디에게 대신 부탁했어요.
엄마, 저는 그게 폭력이 되는 줄 몰랐어요.

~~분명 반디도 싫다고 안 했단 말이에요.~~
친구가 원하지 않는다는 것을 몰랐어요.
반디는 저 때문에 밤에 잠도 못 자고 억지로 게임을 해야 했대요. 저는 진심을 담아 반디에게 사과했어요. 반디는 너그럽게 받아 주었어요.
엄마, 앞으로는 안 그럴게요. 친구 괴롭히는 일 절대 없을 거예요. 한 번만 용서해 주세요.
그럼, 안녕히 계세요.

지온 올림.

~~덧. 엄마, 그런데 저 게임 금지시키실 건가요?~~

책상 조금 떨어뜨린 건
일부러 그런 게 아니야.
오해했으면 미안.
오해 안 했어도 미안.

우석아 너희 집에
또 놀러 가도 돼? 너희 엄마가
해 주셨던 볶음면 맛있었는데
또 먹고 싶어.

우석아 너 예전에는
좀 냄새났었는데
이제 하나도 안 나.
앞으로 잘 지내자.

선생님 스케줄러
준일이 학부모님께 연락 - 부모 교육 권고
반디, 우석 - 심리 상담 연계
소민 - 학생 상담
지온 - 게임 일지 검사

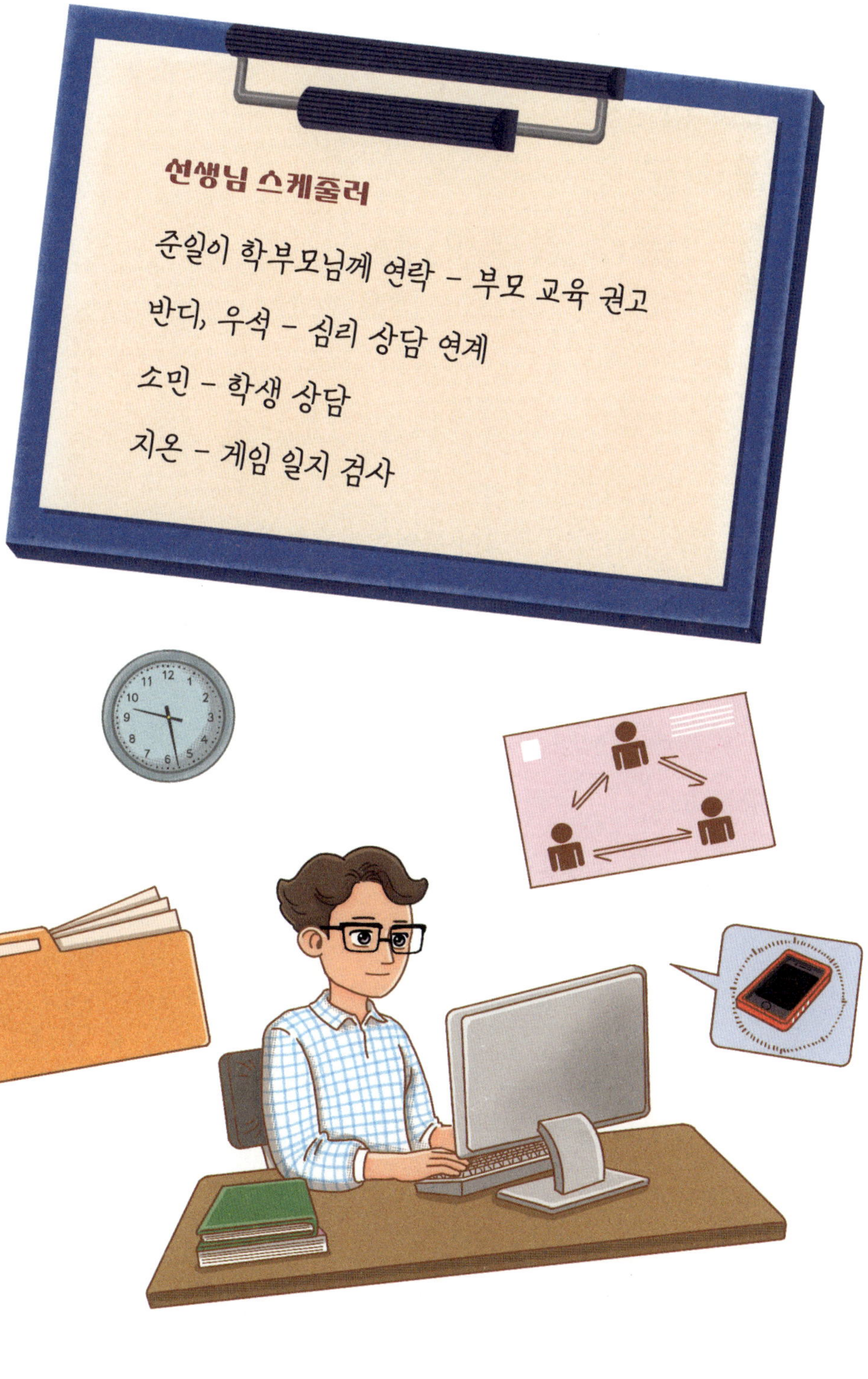

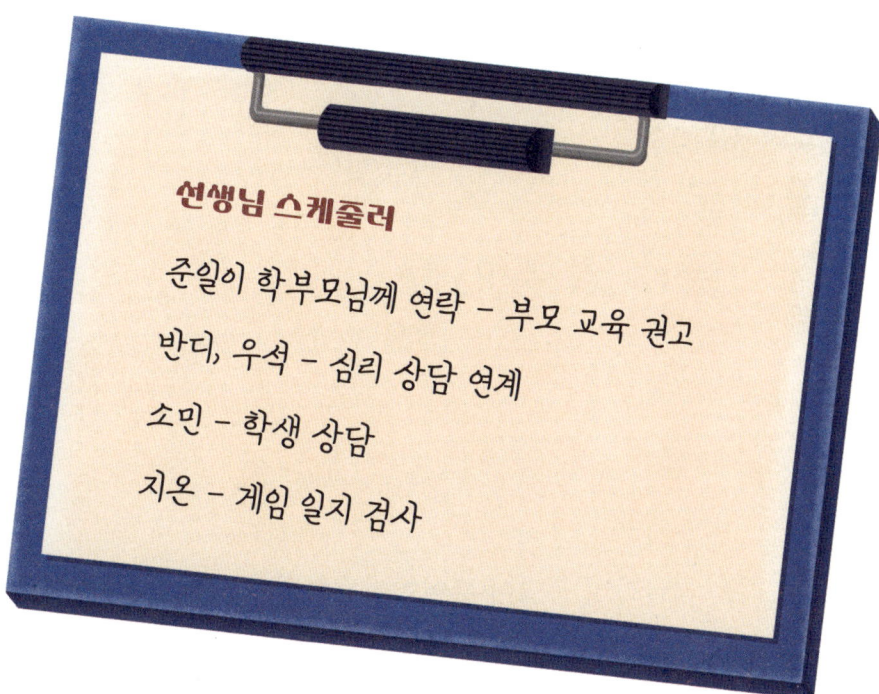

01
폭력을 잠재울 수 있을까요?

우리는 지금까지 폭력이 무엇인지, 왜 일어나는지에 대해서 알아보았어요. 그럼 이제 폭력을 없애는 방법에 대해 살펴볼 차례입니다.

"선생님, 그런데 폭력이 왜 없어져야 하나요? 이해가 잘 안 돼요."

위와 같은 궁금증을 품은 학생이 있을 수도 있겠어요. 여러분, 폭력은 왜 없어져야 할까요? 수많은 이유가 있지만, 한마디로 줄여서 말하자면 '폭력은 아무것도 해결해 주지 못하기 때문'입니다.

폭력을 사용하면, 일시적으로 일이 해결되는 것처럼 보일 수도 있어요. 준일이가 화가 나서 우석이를 때린 것을 예로 들어 봅시다. 우석이를 때린 뒤 어떻게 되었을까요? 준일이는 화가 가라앉았겠지만, 우석이는 주눅이 들었겠죠.

우석이는 다시는 준일이를 건드리지 않기 위해 노력할 거예요. 그런데 이것이 우석이가 준일이를 진심으로 존중하기 때문일까요? 그렇지 않아요. 준일이가 자신을 또 때릴까 봐 두려워서 그런 것이에요. 이렇게 두려움 때문에 생긴 관계는 오래가지 못해요. 오히려 우석이 마음속에 복수심이 생길 수도 있죠. 나중에 우석이가 준일이보다 힘이 세진다면, 준일이에게 폭력으로 앙갚음해 주고 싶을 수 있어요.

또, 이렇게 준일이가 폭력을 쓰고 다니는데 아무도 이를 말리지 않는다면, 다른 친구들도 '아, 폭력을 사용해도

괜찮은 거구나.'라고 인식할 수 있어요. 이런 분위기는 부정적인 상황에서 폭력을 더 쉽게 사용하도록 부추기고, 결국 피해자를 또 만들어 내게 됩니다.

학교는 모두가 따뜻하고 안전하게 지낼 수 있는 곳이어야 해요. 하지만 폭력이 계속된다면 친구들이 점점 서로를 믿지 못하게 되고, 불안하고 걱정되는 마음이 생겨나게 될 것입니다.

이처럼 폭력을 사용하면 문제가 잠깐은 해결된 것처럼 보일 수 있지만, 사실은 문제를 완전히 해결하지 못해요. 이번에 당장 내가 피해자가 아니었다고 하더라도, 언제든지 나도 폭력의 피해자가 될 수 있어요. 폭력이 쉽게 허용되는 분위기가 만들어지면 안 되는 이유이기도 해요. 우리는 평화롭게 행동하면서, 서로 믿고 존중하는 마음을 가져야 해요. 그것이 바로 폭력으로부터 나를 보호하는 가장 좋은 방법이니까요.

그렇다면 어떻게 폭력을 줄일 수 있을까요? 우리가 직접 실천할 수 있는 폭력 예방 방법에는 무엇이 있을까요?

지금부터 알려 줄 권법은 학교 폭력 예방 교육 지원 센터에서 발간한 어울림 프로그램에 근거하여 재구성해 본 방법들입니다. 여러분들이 기억하기 쉽게 앞 글자를 따서 이름을 붙여 봤어요.

02
화가 날 땐 어떻게 하지?
말미잘 권법 3단계

폭력에는 세 주체가 있죠. 바로, 가해자와 피해자, 방관자입니다.

자신에게 생긴 분노를 폭력적인 방법으로 마구 표출하면 가해자가 될 수도 있으므로, 무엇보다 분노를 조절하는 방법을 아는 것이 중요합니다.

우리에게 분노가 생기면 어떻게 해야 할까요? 바로 분노의 원인을 파악하고 감정을 조절하는 기술이 필요합니다.

그럼 분노를 가라앉히기 위한 '말미잘 권법' 3단계를 소개할게요.

말미잘 권법 3단계

① 말로 내뱉기
'별것 아니야.', '다른 생각 하자.' 등의 말을 실제로 중얼거립니다.

② 미소 머금기
미소를 머금으며 눈을 감고 심호흡을 합니다.

③ 잘하는 것 하기
산책을 하거나 자전거 타기, 뜨개질하기 등 평소에 잘하는 것을 하며 마음을 가라앉힙니다.

스스로에게 차분하고 긍정적인 말하기, 심호흡하기, 행동 활성화하기. 이 3단계는 인지 행동 치료에 기반하여 널리 알려진 분노 조절 방법입니다. 우리는 이걸 말미잘 권법이라고 불러 볼까요? 이 권법을 통해 마음을 가라앉히고 생각을 돌리다 보면, 어느새 분노가 가라앉게 됩니다. 친구와의 다툼을 피하는 것은 물론, 내 마음도 편해지는 신기한 효과를 누릴 수 있어요.

03
친구의 마음을 알아차리고 싶다면?
경찰청 권법 3단계

다툼이나 갈등이 생기는 이유는 상대방의 마음을 이해하지 못하기 때문입니다. 문제가 생길 때, 상대방의 마음을 먼저 알아주려는 마음을 기르면 폭력이 발생하지 않아요. 이것을 우리는 '공감'이라고 합니다.

공감(共感)은 한자 함께할 공(共), 느낄 감(感) 자로 이루어져 있습니다. 남의 감정, 의견, 주장 따위에 대하여 자기도 그렇다고 느끼는 것, 또는 그렇게 느끼는 기분이라고 사전에서는 말하고 있어요. 즉, 상대방의 입장이 되어 생각하고 느끼는 점을 말로 표현하는 것을 공감한다고 해요.

공감하기 위한 방법이 여기에 있어요. 선생님이 '경찰청 권법'이라는 말을 붙여 보았는데요, 어떤 단계가 있는지 들여다볼까요?

경찰청 권법 3단계

① **경**청하기
친구의 말을 집중해서 잘 듣습니다.

② **찰**지게 호응하기
'그렇구나.'라는 말로 적절하게 호응합니다.

③ **청**소하기
쓱쓱, 싹싹, 마음 청소를 합니다. 진심으로 친구의 마음을 이해하려고 노력하면서 말이에요.

어때요? 적극적으로 경청하고, 찰지게 호응하고, 마음을 청소하는 3단계, 할 수 있겠죠?

04
다툼이 일어난다면?
건강한 갈등 해결법

우리가 아무리 분노를 가라앉히기 위해 노력한다고 해도 다툼이 일어날 수 있어요. 갈등을 건강하게 해결하려면 화내는 사람과 듣는 사람 모두 적절하게 대처할 줄 알아야 한답니다. 친구로 인해 기분이 나빠졌다고요? '나 전달법'을 사용해서 말해 보세요. 상대방에게 자신의 감정을 비난 없이 표현하는 방법이니까요.

나 전달법

① **'나는'으로 말 시작하기**: 나의 감정을 표현합니다.

② 상황 설명: 어떤 상황이 나를 불쾌하게 만들었는지 친구에게 설명합니다.

③ 제안하기: 내가 원하는 행동을 제안합니다.

예를 들어, 친구가 나에게 기분 나쁜 별명을 붙이고 놀린다면, "네가 뭔데 그런 별명을 붙여!"라면서 화내기보다는, "나는 네가 나에게 그런 별명을 붙여서 불쾌해. 그렇게 하면 내가 존중받지 못하는 것 같아. 앞으로는 그냥 내 이름을 불러 줬으면 좋겠어."라고 말하는 것이지요. 내 마음을 전달하면서도, 상대방을 기분 나쁘지 않게 할 수 있겠죠?

반대로 내가 저런 말을 듣는 입장이라면 어떻게 반응해야 할까요? 그럴 때는 '인사약 방법'을 사용하여 대답해요. 인사약 방법은 '비폭력 대화'에서 널리 쓰이는 '갈등 해결 말하기' 3단계입니다.

인사약 방법

① 인정하기: 상대방의 말에 공감하며 인정합니다.

② **사과하기**: 진심을 담아 잘못한 점에 대해 사과합니다.
③ **약속하기**: 다음부터는 같은 잘못을 반복하지 않겠다고 약속합니다.

 이렇게 하면, 상대방이 존중받는다고 느끼면서, 화난 감정이 누그러집니다.
 예를 들어, 자신이 부른 별명 때문에 친구가 상처를 받았다면, 다음과 같이 말할 수 있는 것이지요.
 "내 말로 인해 기분이 나빴구나." 우선 인정하고요, "내가 너에게 그런 별명을 붙이고 놀려서 미안해." 하고 사과를 하는 겁니다. 마지막으로 "앞으로는 그 별명을 부르지 않

고, 다정하게 네 이름을 부를게." 하고 약속하는 겁니다.
  이렇게 하면 갈등을 평화적으로 해결하고, 폭력 없이 문제를 해결할 수 있답니다.

05
폭력을 목격한다면?
방관자가 되지 않을 의무

　내가 폭력의 당사자가 아니더라도, 주변에 폭력이 일어날 수 있어요. 그럴 때 곁에 있는 사람의 역할이 무엇보다 중요합니다. 직접적으로 폭력을 가하거나 괴롭히지 않는다고 하더라도, 그냥 그것을 내버려두는 것만으로도 피해자에게는 큰 고통이 되기 때문이죠. 어떤 일에 직접 나서지 않고 곁에서 지켜보기만 하는 사람을 방관자라고 불러요. 그럼 방관자가 되지 않기 위해서 할 수 있는 행동에는 무엇이 있을까요?

　먼저, 피해자에게 도움의 손길을 내미는 방법이 있어요. 친구가 괴롭힘을 당하고 있다면, 피해자에게 다가가 "괜찮아? 도움이 필요하면 말해 줘."라고 말하는 겁니다. 그것만으로도 피해자에게 큰 위로가 될 수 있습니다.

또한, 선생님이나 주변 어른에게 도움을 요청할 수도 있어요. 누군가 폭력을 당하는 상황을 목격한 경우, 주위 어른에게 알리는 것이 무엇보다 중요합니다. 특히 학교에는 '학교 폭력 대책 심의 위원회'라는 제도가 있어서, 피해를 신고할 수 있습니다. 어른에게 도움을 요청하는 것을 주저하지 마세요.

무엇보다 중요한 것은, 서로 존중하고 신뢰하는 분위기를 만드는 거예요. 폭력이나 괴롭힘을 용납하지 않는 분위기를 만들고, 모두 협력하는 자세를 취하면 모두가 안전하고 건강하게 생활해 나갈 수 있답니다.

이렇게 우리는 폭력이 무엇인지, 폭력이 왜 일어나는지, 그리고 폭력이 일어났을 때 어떻게 해결할 수 있는지 알아보았습니다.

폭력의 반대말은 무엇일까요? 여러 생각이 있을 수 있겠지만, 선생님은 그것을 '평화'라고 부르고 싶어요. 평화란,

전쟁, 분쟁 또는 일체의 갈등 없이 평온한 상태를 말해요. 서로 다른 사람들이 모여 사는 이 지구에서, 아예 다툼이 없기는 불가능에 가까운 것일지도 몰라요.

하지만 우리는 모두 알고 있어요. 평화만이 우리를 안전하고 행복하게 살게 하는 최선의 방법이라는 것을요.

평화로운 세상을 만들기 위해서 우리가 할 수 있는 일은

아주 많아요. 친구와 의견이 다를 때 싸우지 않고 이야기로 해결하는 것, 괴롭힘을 당하는 친구를 모른 체하지 않고 도와주는 것, 친구 때문에 기분이 상했을 때 솔직하고 건강하게 표현하는 것……. 이런 작은 실천들이 하나하나 모이면, 우리는 안전하고 따뜻한 세상으로 한 걸음씩 나아갈 수 있어요. 정말 멋지지 않나요? 선생님도 여러분의 노력에 힘을 보태 볼게요. 우리 함께 더 좋은 세상을 만들어 보아요!

선생님, 질문 있어요!

❶ 선생님, 제가 친구들을 직접 말려도 되나요?

물론입니다. 말릴 수 있는 상황이라면, 직접 폭력을 잠재워도 좋아요. 이런 것을 어려운 말로 '또래 중재'라고 합니다. 한 친구가 다른 친구에게 폭력적인 행동을 보이거나 심한 말을 하는 경우, "그렇게 말하면 안 돼."라고 말하거나, "폭력을 쓰면 안 돼."라고 직접적으로 반대하는 것이지요. 더 나아가, "그런 말은 친구에게 상처가 될 수 있어. 친구에게 사과해."라고 적극적으로 경고할 수도 있어요. 이를 통해, 피해를 당한 친구는 자신이 혼

자가 아니라는 위로를 받을 수 있고, 가해자인 친구는 행동을 바로잡을 수 있는 기회를 갖게 됩니다.

❷ **롤링 페이퍼를 읽고 우석이의 마음이 풀렸을까요? 저라면 괴롭힘당한 기억이 자꾸 떠올라 괴로울 것 같아요.**

피해자에게 사과한다고 해서, 피해자가 반드시 용서해 주어야 하는 것은 아닙니다. 용서는 오로지 우석이의 몫인 것이지요. 질문해 준 친구의 말대로, 우석이의 마음이 온전히 풀리지 않았을 수도 있어요. 피해자는 이미 폭력으로 인해 상처를 받았기 때문에, 이를 치유하는 데는 시간이 필요할 수 있습니다. 이럴 때는 피해자가 자연스럽게 용서를 결심할 때까지 기다리고, 스스로 행동의 변화를 보여 주는 것이 좋아요. 가해자가 다시는 같은 잘못을 반복하지 않을 것이라는 믿음을 주는 것이지요. 친구들의 진심이 느껴진다면, 우석이의 마음도 차차 아물게 될 거예요.

간단한 활동

폭력에 관한 설명이 맞으면 'O', 틀리면 'X'표를 하고 몇 줄의 빙고가 만들어지는지 써 봅시다.

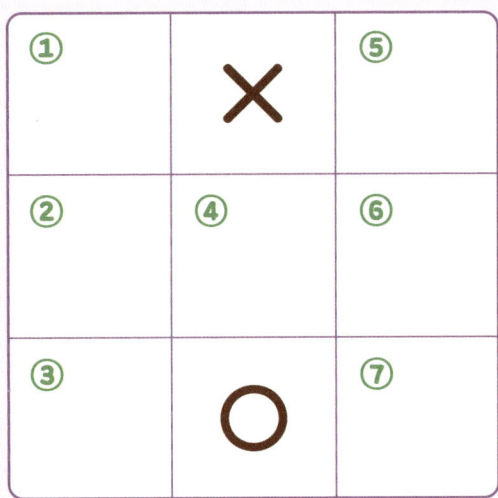

① 폭력을 사용하면 무조건 일이 잘 해결된다.
② 폭력을 예방하기 위해서는, 서로 믿고 존중하는 분위기를 만드는 것이 중요하다.
③ 말미잘 3단계는 친구의 마음에 공감하기 위한 방법이다.
④ 경찰청 3단계를 사용하면 상대방의 입장이 되어 상대방을 잘 이해할 수 있게 된다.
⑤ 너 전달법으로 표현하면 상대방에게 자신의 감정을 비난 없이 말할 수 있게 된다.
⑥ 인사약 방법으로 말하면 친구의 감정을 누그러뜨릴 수 있다.
⑦ 폭력적인 상황을 목격하게 되면 적극적으로 행동해야 한다.

정답: 2줄(①×/②○/③×/④○/⑤×/⑥○/⑦○)

부록

역사적 인물들은 폭력에 어떻게 대처했을까요?

마틴 루서 킹

Martin Luther King

　마틴 루서 킹은 미국의 목사이자 흑인 민권 운동가예요. 민권 운동이란 국가 권력을 개인이 장악하는 전제 정치에 반대하고 국민의 자유와 권리의 신장을 위해 힘쓰는 정치 운동이에요. 즉, 법 앞에서 평등을 요구하는 세계적인 움직임이죠. 많은 나라에서 민권 운동을 했고, 일부 지역에서는 민권 운동을 한 결과, 억압받았던 사람들의 처우가 법적으로 개선되는 성과를 얻기도 했지요.
　마틴 루서 킹은 어렸을 때, 흑인이라는 이유로 부당한 인종 차별을 숱하게 겪었어요. 예를 들어, 가게에서 물건을 살 때 "흑인은 뒷문으로 들어와!"라는 말을 들었다든지, 버스에서 백인에게 무조건 자리를 양보해야 했다든지 하는 일들 말이에요. 그런 일을 겪다가, 마틴 루서 킹은 열다섯 살 때, 미국 북부로 가게 되었어요. 그런데 이곳에서 충격적인 경험을 하게 돼요.

북부에서는 백인과 흑인이 비교적 평등한 생활을 하고 있던 것이에요. 마틴 루서 킹은 흑인에게 정당한 대우를 해 주는 북부 생활을 경험하고는, '언젠가 남부에서도 이런 평등한 세상을 만들 수 있을 거야!'라는 희망을 품게 됩니다.

목사가 된 마틴 루서 킹은 인종 차별을 없애기 위해 폭력적인 방법 대신 평화로운 방법을 택해야 한다고 생각했어요. 그러던 어느 날, 파크스라는 흑인 여성이 시내버스의 좌석에 앉아 있다가 백인 승객에게 자리를 양보하지 않아 체포되는 일이 발생해요. '시내버스에서의 흑백 분리'를 규정한 몽고메리의 법을 위반했다는 죄목이었죠. 파크스가 체포된 뒤 이 지역의 흑인들은 집단 파업과 버스 승차 거부 운동을 해요. 마틴 루서 킹은 폭력을 사용하지 말고 시위를 하자고 흑인들을 설득했어요. 마틴 루서 킹의 비폭력 사상은 많은 사람의 마음을 움직였고, 결국 버스 내 인종 분리가 철폐됩니다.

 마틴 루서 킹은 여러 사람과 함께 남부 그리스도교 지도 회의(SCLC)를 만들어 인종 평등을 위한 일을 계속했어요. 식

당에서 흑인에게 음식을 주지 않는 차별에 맞서 '싯인(Sit-in) 시위'를 이끌었죠. 싯인 시위는 흑인에게 주문 받기를 거부하는 식당에 들어가, 주문을 받을 때까지 테이블 앞에 앉아 있는 것이에요. 마틴 루서 킹은 이 일로 여러 번 체포되기도 했어요.

그러나 마틴 루서 킹은 굴하지 않고 평화적 시위의 행보

를 이어 나갔어요. 그중 '나에게는 꿈이 있습니다'라는 연설은 정말 유명하죠. 내용은 다음과 같습니다.

"나에게는 꿈이 있습니다. 조지아의 붉은 언덕 위에서, 노예였던 사람의 자녀와 노예 주인이었던 사람의 자녀가 형제애의 식탁에 함께 둘러앉는 날이 올 것이라는 꿈입니다. …… 나의 어린 네 자녀들이 피부색이 아닌 인격으로 평가받는 나라에서 살게 되는 날이 오리라는 꿈입니다."

이 연설은 전 세계 사람들에게 큰 감동을 주었어요. 시위는 마틴 루서 킹이 바라던 대로 평화롭게 마무리되었으며, 이후에도 마틴 루서 킹은 미국 각지를 돌아다니며 흑인 인권을 향상시키기 위한 일을 지속했어요. 1964년에 마틴 루서 킹은 비폭력 운동을 이끈 공로로 노벨 평화상을 받게 돼요.

마틴 루서 킹이 한 노력 덕분에 많은 법이 바뀌었고, 흑인에 대한 차별도 많이 사라지게 되었어요. 지금도 많은 사람이 그의 이야기를 기억하며, 평화를 지키기 위해 노력하고 있답니다. 실제로 미국에서는 마틴 루서 킹을 기리기 위해 매년 1월 셋째 주 일요일을 마틴 루서 킹 데이(Martin Luther King Jr. Day)로 지정하고 있기도 해요.

여러분도 폭력 대신 평화로 문제를 해결하고, 서로를 존중하는 아름다운 환경을 만들어 보아요. 마틴 루서 킹이 지키고자 했던 비폭력 정신을 이어 가 보세요.

말랄라 유사프자이

Malala Yousafzai

"탈레반은 제 왼쪽 이마에 총을 쐈습니다. 그들은 제 친구들도 쐈습니다. 탈레반은 그 총알로 우리 입을 막을 거라 생각했겠죠. 하지만 변한 건 없습니다. 오히려 약함, 두려움, 절망이 사망했고 힘, 능력, 용기가 태어났습니다."

말랄라 유사프자이는 파키스탄의 여성 교육 운동가예요. 더불어, 노벨 평화상을 받은 최연소 인물이기도 하지요.

1997년 말랄라가 태어날 당시, 파키스탄에서는 딸보다 아들을 더 중요하게 여기는 차별이 만연했어요. 아들이 태어나면 축포를 터뜨리고, 딸이 태어나면 커튼 뒤에 숨긴다는 말이 있을 정도였으니 말이에요. 하지만 말랄라의 아버지는 여성도 차별받지 않을 권리가 있다고 생각한 사람이었어요. 말랄라는 그런 아버지 밑에서 자라, 여성 교육의 중요성에 대한 깨달음을 얻었답니다.

　2009년 말랄라는 영국 BBC 방송 사이트의 블로그에 익명으로, 여성 교육을 금지하는 탈레반 때문에 학교에 다니기 어려운 현실과 여자아이들의 교육받을 권리에 대해 글을 쓰기 시작했어요. 말랄라는 여자아이들도 남자아이들처럼 학교에서 공부할 권리가 있다고 주장했습니다. 말랄라의 글은 《뉴욕타임스》의 다큐멘터리 제작으로 이어지는 등 세계 언론의 관심을 끌게 되었어요. 그러면서 말랄라의 신분이 노출되었죠.

　탈레반은 2012년, 버스를 타고 집에 돌아가던 말랄라에게 총을 쐈어요. 말랄라는 머리와 목에 총을 맞아 목숨이 위

태로웠으나 영국에서 치료를 받으며 겨우 죽을 고비를 넘겼지요. 이 사건으로 파키스탄의 여성 교육 문제에 국제적인 이목이 더욱 집중되었어요.

말랄라는 총이라는 폭력적인 행동으로 생명을 위협받았지만, 폭력으로 맞대응하지 않았어요. 몸이 회복된 뒤에도 여성의 교육받을 권리를 위해 비폭력적인 활동을 이어 나갔답니다.

탈레반은 말랄라의 행보가 이슬람 율법을 어기는 것으로 간주하여 계속해서 살해 위협을 가했지요. 하지만 말랄라는 이에 굴하지 않았어요.

말랄라는 '말랄라 재단'을 설립하고, 전 세계 여자아이들이 학교에 다닐 수 있도록 도왔어요. 전쟁 때문에 학교에 갈 수 없는 난민 소녀들을 돕기 위해 난민 캠프를 방문하기도 했고, 유엔(UN)에서도 여자아이들이 공부할 수 있는 세상을 만들어야 한다는 내용으로 연설했어요. 책이나 소셜 미디어를 통해 '모든 소녀는 교육받을 자격이 있다'라는 메시지를 꾸준히 전하려고 노력하기도 했지요. 이런 용기와 노력,

평화를 지키려는 태도는 세계의 많은 사람을 감동시켰어요. 그 결과 말랄라는 2014년 노벨 평화상을 받게 됩니다.

말랄라의 이야기는 파키스탄뿐 아니라 세계 여러 나라의 여성들에게도 큰 용기를 주었어요. 지금도 말랄라의 정신을 이어받아 많은 사람이 평등과 교육의 가치를 지키기 위해 노력하고 있답니다.

여러분에게는 어떤 소망이 있나요? 여러분도 말랄라처럼 자신이 지키고 싶은 가치가 있다면 그것을 소중히 여기고, 평화로운 방법으로 행동해 보세요.

넬슨 만델라

　넬슨 만델라는 남아프리카 공화국의 사회 운동가이자 정치인이에요.

　만델라는 대학을 다니던 중 친구가 백인에게 모욕당하는 것을 목격하고 처음으로 인종 차별에 대해 느꼈어요. 그렇게 대학에서 학생 대표 위원회로 활동하다 학교 측과 갈등을 일으켰고 학교에 더 이상 나가지 않게 되었죠. 그러다 친척의 도움으로 부동산 사무실에서 일하게 되었으며 장차 변호사가 되기 위해 법률 공부를 시작했어요.

만델라의 법학 공부는 흑인을 위한 활동을 해야겠다는 결심으로 이어졌어요. 만델라는 변호사가 되어 본격적으로 인종 차별 정책인 아파르트헤이트에 맞서게 됩니다. 아파르트헤이트란 남아프리카 공화국 백인 정권이 유색 인종에 대해 극단적으로 펼친 차별 정책이에요.

1950년대 들어 남아프리카 공화국에서는 흑인에 대한 차별 정책이 점차 엄격해졌어요. 대부분의 공간에서 흑인과 백인을 강제로 분리하는 정책이 시행되었죠. 이에 만델라는 인종주의 정책에 반대하는 활동을 해요. 이 활동으로 만델라는 체포되어, 무려 27년 동안 감옥에 갇혀야 했어요. 장기간의 투옥 생활을 하면서 만델라는 고난을 겪었습니다. 그가 갇혀 있는 동안 남아프리카 공화국의 흑인들은 만델라 석방 운동을 벌였고, 전 세계 음악인들도 만델라의 석방을 간절히 바랐지요.

1990년 남아프리카 공화국 대통령 프레데리크 데 클레르크는 흑인 정치 및 인권 단체의 합법성을 인정하고 만델라를 석방시켰어요. 만델라는 아프리카 국민회의 의장으로

선출되었지만 남아프리카 공화국은 여전히 백인 정부와 갈등이 계속되었죠. 인종주의 정책에 반대하는 흑인들의 시위가 이어졌고 경찰의 무력 진압으로 많은 사상자가 발생했어요. 하지만 만델라는 복잡해지는 상황 속에서도 백인 정부와 협상을 지속했어요. 그러고는 민주적인 선거를 이끌어 냈죠. 이러한 공로로 만델라는 1993년 클레르크와 함께 노벨 평화상을 받았어요. 그리고 1994년 남아프리카 공화국 최초의 흑인 대통령이 되었지요.

만델라가 대통령이 된 뒤, 백인들은 두려움에 떨었어요. 만델라가 앙심을 품고 복수하지 않을까 하는 두려움이었지요. 하지만 만델라는 '진실과 화해 위원회'를 구성하고, 단 한 명도 처벌하지 않았어요. 복수가 아닌 용서와 포용이 남아프리카 공화국을 위한 길이라는 믿음 때문이었어요. 또, 만델라는 과거의 지도자들에게도 책임을 묻지 않았고, 도리어 화해하는 것을 선택했어요.

훗날, 만델라는 오프라 윈프리와의 인터뷰에서 이렇게 말했습니다.

"감옥에서 생각할 기회는 바깥세상에서는 가질 수 없는 기회였다. 스스로 변화시키는 일은 그때의 그 시간 덕분에 가능했다."

만델라는 흑인의 인권을 향상시키는 데 도움을 주었을 뿐만 아니라, 흑인과 백인 간의 갈등을 완화하는 데도 큰 역할을 했어요. 폭력적인 상황에서 고난을 겪었음에도 불구하고, 복수 대신 평화를 선택함으로써 말이에요. 만델라의 인내와 관용은 오늘날에도 많은 사람에게 큰 깨달음을 주고 있답니다. 만델라의 용기와 믿음이 어떻게 느껴지나요? 여러분도 평화를 향한 믿음으로 어려움을 이겨 내 보세요.

작가의 말

여러분의 소원은 무엇인가요? 선생님은 어렸을 적, 누군가 소원이 무엇이냐고 물어보면 늘 '평화'라고 말했어요. 그렇게 대답한 데는 세 가지 이유가 있는데요, 첫째는 어른스럽다는 칭찬을 받는 것이 좋았기 때문이고요, 둘째는 제 소원에 대해 아무도 의문을 가지지 않았기 때문이에요. 셋째는 꽤 쉽게 이룰 수 있는 소원이라고 생각했기 때문이지요. 싸우지만 않으면 쉽게 이룰 수 있는 것이라고 생각했거든요.

그런데 어른이 될수록, 제가 바랐던 '평화'라는 게 참 이루기 어렵다는 걸 깨닫고 있어요. 폭력 없는 세상을 만든다는 것은 개인 혼자만의 힘으로 되는 것이 아니거든요. 잠깐 이루었다고 해서 영원한 것도 아니고요.

매해 노벨 평화상을 받는 사람이 나오지만, 지구 곳곳에는 여전히 전쟁이 지속되고 있죠. 거창하게 전쟁까지 말하지 않더라도, 매일 나오는 뉴스에는 사건 사고가 빠지질 않아요. '단 하루라도 폭력이 아예 없는 세상이 존재할까?'라는 의문이 들 정도로요.

 "어차피 폭력 없는 세상을 만들기란 불가능해!"라고 좌절할 수도 있어요. 하지만 이 책을 편 여러분, 어떤 길을 걷고 싶은가요? 선생님은, '그럼에도 불구하고' 노력해 볼 것을 결심했어요. 선생님이 내딛는 발걸음이 크진 않을 수 있어요. 하지만 누군가 남긴 발걸음에, 제 발자국을 보탤 수는 있지 않을까요?

 여러분도 함께 발을 맞대어 주세요. 이렇게 발자국에 발자국을 잇다 보면, 폭력을 지울 수 있을 만큼 멀리 걸어갈 수 있을지도 몰라요. 아니, 분명 그렇게 될 거예요.

선생님은 이제 알고 있어요. 누군가 소원이 무엇이냐고 물어 봤을 때, '평화'라고 말한다고 해도 아무도 선생님을 칭찬해 주지 않고, 어쩌면 완벽하게 이루기는 어려울지도 모른다는 것을요. 그렇지만 여전히 '폭력 없는 세상'을 원한다고 말할래요. 선생님과 손을 맞잡은 사람들을 위해, 그리고 맞잡을 여러분을 위해서요.

임수경

교실 속 작은 사회 ❶ 폭력
안 때렸는데 폭력이라고요?

초판 1쇄 발행 2025년 6월 25일
초판 2쇄 발행 2025년 11월 1일

지은이 임수경
그린이 이주미
발행인 김형보
편집 최윤경, 강태영, 임재희, 홍민기, 강민영, 박지연, 김아영
마케팅 이연실, 김보미, 김민경, 고가빈 **디자인** 김지은, 박현민 **경영지원** 최윤영, 유현

발행처 어크로스출판그룹(주)
출판신고 2018년 12월 20일 제 2018-000339호
주소 서울시 마포구 동교로 109-6
전화 070-5080-4160(편집) 070-8724-5194(영업) **팩스** 02-6085-7676
이메일 across@acrossbook.com **홈페이지** www.acrossbook.com

ⓒ 임수경, 이주미 2025

ISBN 979-11-6774-216-2 (73300)

- 잘못된 책은 구입처에서 교환해드립니다.
- 이 책은 저작권법에 따라 보호를 받는 저작물이므로 무단 전재와 무단 복제를 금지하며,
  이 책의 전부 또는 일부를 이용하려면 반드시 저작권자와 어크로스출판그룹(주)의 서면 동의를 받아야 합니다.

 제조자명 어크로스출판그룹(주) **제조국명** 대한민국 **사용연령** 8세 이상 **제조연월** 2025년 11월
주의 종이에 손이 베이거나 모서리에 다치지 않게 주의하세요.
KC마크는 이 제품이 공통안전기준에 적합하였음을 의미합니다.

만든 사람들
편집 박지연, 김아영 **디자인** 김규림

* 어크로스주니어는 어크로스출판그룹(주)의 어린이책 브랜드입니다.